Jhessalg Tuy

Reinico Austral

Repertorio poético JHT libro 2

Primera edición.

Foto de portada: Jesús Alvizu - Plaza de los Pumas, Farellones, Lo Barnechea, Chile.

Diseño de portada: freddy alvizu @freddylvz

REINICIO AUSTRAL

Jhessaly Tuy

Repertorio poético JHT libro 2

REINICIO AUSTRAL

ÍNDICE

DEDICATORIA

LUZ VERDE / 10

NO SOY ÉL / 13

TÍMIDA ATRACCIÓN / 16

CONSEJERO SOLITARIO / 17

TÚ Y MI LLANURA / 21

LO QUE JAMÁS HEMOS SIDO / 24

CONOCIÉNDOTE, CONOCIÉNDOME / 28

DÉJAME ACOMPAÑARTE / 30

SÉ QUE EXISTES / 32

SELECCIÓN / 35

PRODUCTIVO / 38

VAIVÉN / 40

TU SONRISA / 43

YA LLEGARÁ / 45

CON TU NOMBRE / 48

MAL INICIO, BUEN FINAL / 48

LEJOS DE TÍ / 49

ESPEJO / 52

LO QUE ME GUSTA / 56

TU AUSENCIA / 59

EL CAMINO / 60

CUANDO PIENSES / 62

TU DOMINIO / 64

VALORARSE, VALORARME / 65

ESE TEMA, MEJOR NO / 68

DISGREGADO / 70

LA BODA BLANCA / 74

EL AUTOR / 81

DEDICATORIA

A ti, que me supiste querer.

A ti, que me supiste herir.

A ustedes los que extraño.

A ustedes los que he conocido.

A mis dos patrias.

Gracias por las lecciones.

LUZ VERDE

Cuando el mundo se peleaba

por ver quién era mejor

tú por mí te preocupabas

dando todo a mi favor

Cuando un joven preguntaba

si es mejor antes que ahora

tú estabas muy preocupada

por si he comido a la hora

Cuando el ave hacía su nido

y las nubes se cargaban

tú solo vivías pendiente

de evitar que me mojara

Cuando el mar lanzó más olas

y el pescador se asustaba

me llenabas de palabras

de esas que no preocupaban

Cuando mi llano cambiaba

de verde vivo el color

me llenabas de esperanza

regalándome una flor

Cuando todo el mundo iba

a buscar su bienestar

te quedabas a mi lado

para poderme ayudar

Cuando en el campo crecía

nuestro sagrado alimento

tú sólo me atendías

para tenerme contento

Si preferiste dejar

a un lado tus prioridades

¿Cómo te podré ignorar,

cuando ya no quede nadie?

Me demostraste cariño

de esos que saben a hechos

en mí encontraras por siempre

unos brazos y buen pecho

Ya todo se terminó

y no han podido ganarte

tu invicto perdura intacto

nadie podrá desplazarte

Aunque ya tengas a otro

que goce de tu atención

mantén por siempre presente

mi recuerdo y opinión

Te agradezco eternamente

lo que tú hiciste por mí

por ello tendrás luz verde

cuando regreses a mí

Cuando la gente pregunte

que porqué me he ausentado

les diré que me llamaste

y fui corriendo a tu lado.

NO SOY ÉL

¿Hola cómo estás?

hoy estoy muy contento

y ahora que estas a mi lado

todo se vuelve perfecto

Tengo mucho que decirte

cosas que llevo por dentro

si me permites hablar

con gran placer te lo cuento

Sé que no es el momento

por todo lo que has pasado

pero quiero expresarme

teniéndote a mi lado

Gracias por escucharme

ponte cómoda y atenta

disculpa el tartamudeo

la fluidez tú me la ahuyentas

Me haces sentir bonito

ando feliz por tu culpa

a la fruta de la dicha

le estoy sacando la pulpa

Le doy gracias al destino

por hacernos coincidir

y bendito sea el creador

por hacerte existir

La verdad no sé qué haces

para hacerme sentir bien

tan solo con tu presencia

me transportas al edén

Observa lo que produces

me intimidas y me atontas

haces que me delate

y que mi escudo se rompa

Sé que quizás tu cariño

lo tengo de aquí al cielo

pero tu amistad me lleva

como un ave en su vuelo

Jamás pensé querer tanto

así como te quiero a ti

eres mi mundo de ensueño

eso que siempre pedí

Esto es sólo un pedacito

de lo que mi corazón siente

podría estar a tus pies

declarándome por siempre

Te levantas sonriendo

me dices gracias Manuel

triste y herido te digo

soy Jesús, no soy él.

TÍMIDA ATRACCIÓN

Tenemos tiempo jugando

a que nada nos rodea

viviendo dentro de un cuento

donde hacemos lo que sea

Nuestra historia es increíble

sobre en todo en sus inicios

fuimos simples conocidos

no existía otro indicio

Más adelante surgió

una tímida atracción

que nunca fue encendida

por falta de interacción

Muchos años distanciaron

esa tímida atracción

pero bastó un solo día

para encender la pasión

Desde que nos encontramos

no nos hemos separado

el destino nos ató

con deseo incontrolado

Nuestros cuerpos necesitan

tener al otro imantado

ignoro a cuántas sábanas

ya hemos desordenado

Estando juntos se borra

la vida tras las paredes

son momentos muy valiosos

que dudo que los heredes.

CONSEJERO SOLITARIO

Podría escribir mil libros

con tanta historia escuchada

y vencer al diccionario

con tantas palabras dadas

No sé que tiene mi rostro

que tanta confianza inspira

o será que son mis ojos

que hablan cuando los miran

Sin hacer ni una pregunta

vienen a contarme todo

después que empiezan a hablar

debo escucharles, ni modo

A veces solo desean

unos oídos atentos

otras veces me suplican

que diga lo que yo pienso

Siempre tengo un buen consejo

adecuado a la ocasión

la experiencia me ha obsequiado

esa gran disposición

Generalmente ayudo

otras no soy tan certero

pero acierte o no acierte

me buscan como el dinero

Yo siempre estoy a la orden

cuando quieren platicar

pero si busco consejos

no encuentro con quien hablar

Quizás sea la desconfianza

o por ser muy selectivo

pero no consigo oídos

que compaginen conmigo

No encuentro alguien que sepa

el arte de acompañar

que entienda que no es oír

si no saber escuchar

No encuentro un corazón

que no tienda a juzgar

que respete posiciones

y que sepa perdonar

No encuentro un ser que analice

con cuidado las variantes

que sepa ser asertivo

y no ponga limitantes

No encuentro quien visualice

el valor de la amistad

que actúe sin intereses

y te entienda de verdad

Sé que no soy el perfecto

pero ni el espejo ayuda

así le hable por siglos

no emite palabra alguna

Como no consigo amigo

que escuche lo que yo pienso

sigo a la orden con todos

mientras vivo en el silencio.

TÚ Y MI LLANURA

Quiero tanto a mi llanura

que nada me haría cambiarla

no hay asfalto ni concreto

que me hagan olvidarla

La paz que esta te ofrece

difícil es de encontrar

su belleza y perfección

nada la puede igualar

Su flora y fauna la visten

hermosa para una fiesta

sus colores son su habla

con ellos se manifiesta

Sus secretos y fantasías

son atracción fascinante

las bondades y costumbres

la hacen interesante

¿Cómo no amar la sabana?

¿Cómo olvidar sus historias?

¿Cómo ignorar de la patria

este pedazo de gloria?

La amo tanto como a ti

son distintos sentimientos

al mismo tiempo gemelos

dueños de mis pensamientos

Ella es mi origen, mi orgullo

tú mi alegría, mi pasión

ella es mi alma y mi mente

tu mi cuerpo y corazón

Vamos a mi llano hermoso

a cazar lindos momentos

te prometo allá obsequiarte

un espacio sin tormentos

Allá te damos la brisa

de esa fresca que deshoja

te regalamos el río

que de tristezas despoja

Confúndete en sus aromas

recorramos todo el monte

en un paseo a caballo

disfrutando el horizonte

Exploremos la planicie

subamos los pocos cerros

observemos a la vaca

dormir junto a su becerro

Bailamos un joropito

yo te doy las alpargatas

el agua fría de tinaja

toda la sed no las mata

En el patio hay un chinchorro

ahí dormimos un ratico

mientras te duermes te canto

con mi cuatro un pasajito

En la noche nos sentamos

afuera en la mecedora

a contemplar las estrellas

y la luna encantadora

Te quiero siempre a mi lado

te quiero en forma segura

quisiera que nuestro amor

se crie en aquí en mi llanura.

LO QUE JAMÁS HEMOS SIDO

No era el hombre más feliz

tampoco el menos dichoso

pero desde que te vi

me hipnotizaron tus ojos

Soy muy sincero al decir

que me alteraste el destino

pensaba que era feliz

hasta el día que nos vimos

Te acepté como llegaste

con tus líos y problemas

te ofrecí manos y oídos

para alivianar tus penas

Te levanté en tus caídas

te regañé en tus errores

te aplaudí en tus victorias

te acompañé en tus temores

En poco tiempo vivimos

increíbles experiencias

el sentimiento creció

sin control y sin paciencia

Por más que me esforcé

no creíste en mi actuación

siempre albergaste la duda

y escudaste al corazón

Ibas y venías tanto

que me acostumbre a tu ausencia

cualquier cosa te alteraba

cualquier chisme era evidencia

Por fin te fuiste del todo

te ausentaste largo tiempo

la casualidad infaltable

nos juntó en un momento

Tu cambio fue radical

llegaste muy novedosa

tu nueva faceta hizo

que te vieras más hermosa

El pasado fue peleas

discusiones muy constantes

el presente nos vendía

momentos interesantes

Me regalaste una luz

que jamás había apreciado

también una oscuridad

que intimida al más pintado

Eres rabia y alegría

eres dicha y decepción

eres el norte más claro

eres mi gran confusión

Quisiera fundirme en ti

porque no quiero perderte

también quiero ir al pasado

para evitar conocerte

Eres mi suma experiencia

la más bella e invencible

y también la campeona

en heridas destructibles

Nuestro cariño vivía

en un circuito cerrado

era un contexto muy grato

irreal y limitado

Miento si niego mi amor

miento si niego creerte

miento si pido tu ausencia

miento si quiero tenerte

Sólo quiero ser feliz

tranquilidad es lo que pido

nunca dejaremos de ser

lo que jamás hemos sido.

CONOCIÉNDOTE, CONOCIÉNDOME

Anhelaba tanto tenerte cerca de mí

que me inquietaba de sólo pensarte

contaba días, horas, minutos y así

en la espera para poder admirarte

Cálido, mágico y fuerte fue tu abrazo

dulce, tierno y divino tu primer beso

mis manos temblaban, mi sonrisa me delataba

quería congelar ese momento hasta el regreso

Tus aires de timidez y cierta inocencia

en algo me envolvieron, serenando mis reacciones

tus palabras; pocas y eventuales

fueron suficientes para alterar mis emociones

Lindo el cabello que recorre tu frente

lindas tus manos que se entre ellas se acarician

mis ojos actuaron como anónimo admirador

rescatando detalles que cercanos desperdician

Mi yo interno estaba inquieto; delirante

partes de mis sentidos se agudizaron

mi cuerpo alcanzado por una explosión de agrado

libró los pensamientos que más frágil resultaron

Pensamientos que juntaron tus bellos labios a los míos

y que llenaban mi espalda de buenos escalofríos

cerré mis ojos mucho tiempo, para traerte rápidamente

ahora los cierro para grabar, tu olor perennemente

Eres rica en suaves bellos, a simple vista apreciables

besos tiernos posaré en ellos, con un ánimo incansable

tu piel me resulta seda, que ansío rocen mis labios

tu cuerpo una obra excelsa, que escapa de lo ordinario

Como quisiera envolverte, en lo físico y espiritual

para que conozcas bien, lo que significa amar

me lanzas a un mar de dicha, de extensión incalculable

pero tú no eres feliz, lo ves como inalcanzable

El pasado se ha encargado, de troncar tus alegrías

ya resignada no avanzas, en pro de una mejoría

yo te voy a demostrar que existe un mundo bonito

que carece de tristezas; sólo hay amor infinito

Ese mundo lo forjamos cooperando entre los dos

si digo hacerlo yo solo; sólo estaría mintiéndome

pues así como yo quiero, tú también debes querer

ya que ese mundo se crea; conociéndote, conociéndome.

DÉJAME ACOMPAÑARTE

En este mundo agitado

de apuro y tecnología

es difícil de encontrar

la adecuada compañía

La maldad se encuentra fácil

por doquier la hipocresía

descompuesta sociedad

destruyendo día a día

Busco la tranquilidad

quiero aislarme por momentos

armar mi carpa de paz

y elevar mis pensamientos

Solo quiero estar contigo

aunque es rudo el hallarte

necesito de tu abrigo

y tu presencia relajante

Con tu ayuda soy capaz

de mirar en mi interior

analizo en pausa todo

olvidando el exterior

Tus cánticos silenciosos

me dan la concentración

puedo decidir con calma

encontrar motivación

Del dolor y la tristeza

dicen que eres garante

a mí eso no me importa

déjame acompañarte

Todo en exceso es dañino

hasta besos sin alientos

no quiero vivir contigo

sólo compartir momentos.

SÉ QUE EXISTES

Aquí solo como siempre

pienso en dónde estarás

si en la costa o la montaña

¿En qué sitio vivirás?

Imagino tu acento

tu forma de caminar

tus posibles pasatiempos

lo que te gusta escuchar

¿Cuál será tu profesión?

¿A dónde sueles viajar?

¿Cine o la televisión?

¿Casera o de rumbear?

¿Cómo te gusta dormir?

¿Eres adicta al café?

¿Qué te hace sonreír?

algún día lo sabré

Di…cen

que la que busco no existe

es algo que me niego a creer

Es posible hallar amor

Sinceridad, comprensión

inteligencia y placer

en una sola mujer

Esa casta femenina se extinguió;

se equivocan, mi corazón respondió

Yo he podido conocer

mujeres que son de bien

parecidas al actuar

con la que quiero ubicar

¿Dónde estás?

Aunque no se cuándo llegas

yo insisto en ordenar

el relato de mi espera

que te contaré al hablar,

te he soñado varias veces

no paro de imaginar

observo toda la gente

para poderte encontrar.

SELECCIÓN

Se hicieron dos para emparejar,

la salida es solitaria,

pero el trayecto acompañado,

las parejas deben hallarse en la inmensidad,

no es trabajo fácil, ni corto,

pero si satisfactorio y productivo,

si se decide hacerlo bien.

No se trata de escoger a la ligera,

la selección debe ser algo exigente,

ya que lo rápido se ausenta pronto,

y lo fácil termina aburriendo,

no es escoger por obligación,

tampoco bajo chantaje,

ni tomar la primera piedra vista,

para arrastrar desdichas y molestias.

La normativa debe ser justa y algo flexible,

valorando más lo interno que lo externo,

abierta a críticas y cambios,

pensada en plural, no en singular,

que apueste al dar para recibir,

cumpliendo leyes, ignorando bueyes,

engrandeciendo el trabajo en equipo,

inclinada hacia el diálogo y la razón con corazón.

El esfuerzo debe ser equitativo,

la comunicación reinar por siempre,

los detalles ser frecuentes sorpresas,

el futuro un tema muy común,

la pasión y el cariño inextinguibles,

la monotonía el enemigo perenne,

los cerebros de similar estatura,

la conexión y química casi irreal.

A pesar de que lo intangible es primero,

hay variables físicas obligatorias,

algunas de carne, otras de papel,

hay que saber equilibrar,

de no hacerlo, se invocaría al fracaso,

priorizar para avanzar y construir,

anclarse en la superficie para destruir.

El resultado debería ser una pareja de oro,

de físico atrayente más no determinante,

que piensa en dónde pisarás,

en que opción te convenga más,

un ser que no mezquine consejos,

que se deleite en escuchar,

gran practicante de la atención,

y creyente de lo positivo.

Capaz debe resultar de bien criar,

de educar con admirable entrega,

motivar el pensamiento crítico,

ganar respeto sin violencia,

pintar de buena vibra un hogar,

producir para un buen vivir,

complacer con notable gusto,

disponible a la reciprocidad.

PRODUCTIVO

Los consejos cuando se es niño

resultan mortificantes

ya de adultos los buscamos

como a un tesoro gigante

Abuelos y padres insisten

en ser guías de la vida

lamento en aquel momento

ser un tonto en demasía

Con los oídos tapados

apenas se logra oír

la atención la ha secuestrado

efimerías del vivir

Se le apuesta todo al goce

al ocio y la recreación

dejando lo importante

castigado en un rincón

Olvidamos el progreso,

crecimiento, educación

y los valores humanos

práctica en postergación

Vivimos ciegos por años

sin el cultivo de mente

al perder la juventud

la mayoría se arrepiente

Madurar es un trabajo

que a algunos les cuesta poco

pero la mayoría lo siente

como un trabajo forzoso

Todo influye en el camino

desde el entorno y escuela

los hechos que vivimos

en nosotros marcan huellas

Para lograr objetivos

tenemos que priorizar

antes de todo disfrute

el producir y estudiar

En el mundo sobran vivos

de malvado corazón

que andan cazando mediocres

faltos de preparación

Al sumar conocimientos

oportunidad verás

podrás vencer contratiempos

y víctima no serás

Jamás dejes de vivir

nunca olvides disfrutar

pero antes prepárate,

para tener y triunfar.

VAIVÉN

Pasaste frente a mí, pero decidí no llamar

fuiste tú quien regresó por mi atención

luego de un breve conversar, inició el soñar

la providencia sin aviso, hizo la conexión

Mucha vida contada en pocos instantes

nubes espesas de confianza nos arropó

sentí conocerte cien vueltas solares antes

alegría pesada tu presencia me arrojó

Rápido llegaste, muy rápido te marchaste

tu ausencia corroía la armadura esperanza

pensé: los milagros a veces son desastres

al corazón también lo enferma la tardanza

Decidí no seguir tentando mi suerte

apartarme y desistir de lo anhelado

la desdicha empujaba como brisón fuerte

fui al recate de planes abandonados

Como boticaria un elixir dulce preparaste

aunado a un sorpresivo plan de salvamento

al organo triste atendiste y reparaste

el cariño fue la clave del medicamento

Recuperaste un ser sitiado de resignación

que se aferró a la conexión con vigorosidad

deseo contigo un avance en sincronización

para convertir tus penas en éxito y felicidad

Todo parecía marchar perfecto como el tiempo

incontables planes a mi mente saturaron

era maravilloso lo que por ti sentía dentro

no obstante otra vez tus maldades me alcanzaron

Nuevamente desapareces sin dar explicación

el hastío es un rudo pero buen consejero

ignoré las suplicas que me mandó el corazón

me cansé de ser el dormitorio de tu amor viajero

Ninguna razón que tengas, justifica tu actuar

ese vaivén indolente no es para quien te quiere

si vienes, tu nariz con mi puerta se va a fracturar

no más bienvenidas cuando te ignoran o hieren.

TU SONRISA

Hoy que tan esquiva es la sinceridad

donde es casi un lujo la fraternidad

donde en extinción está la amabilidad

y la apatía se respira con facilidad...

llega de improvisto un gesto curativo

que transforma el humor negativo

te inmoviliza dejándote pensativo

ahuyentando todo acto instintivo

Silenciosa y dulce aparece tu sonrisa

en un día de esos que van a prisa

una linda presencia mi visión divisa

me resultas espejismo que hipnotiza;

increíble que por algo tan natural

puedas convertir un día normal

en una magna jornada emocional

inolvidable vivencia especial

Me hiciste blanquear la mente

inmutarme mientras estás al frente

convertirme en un cuerpo inerte

entrar en estado seudo inconsciente;

sorprendiste mi curiosa visión

perdi por segundos la posición

sufrí por ti una explosión de emoción

que terminó en positiva conmoción

Confirmar que sea amor este sentir

es aventurase a un descarado mentir

no intento molestar, tampoco desistir

pero vaya que das sentido al existir,

es música hasta tu más fuerte carcajada

es arte tu risa involuntaria o despistada

déjame protegerte, así no serás atacada

por las flores del jardín que no son miradas

Observar esa curva es un volcán de placer

la línea dental perfecta, falsa parece ser

tus celestiales labios que les han de proteger

cautivan mucho más, que un playero atardecer.

No quiero dejar de observar jamás tu respuesta

a los estimulos que envío para que aparezca

ese silente gesto de alegría natural y fresca

que activan tus músculos y en mi alma dolor resta.

YA LLEGARÁ

Al inicio nada te hacía falta

tus prioridades eran infantiles

los problemas muy sutiles

preocupaciones nada altas;

la compañía fue prescindible

hablar daba igual con cualquiera

ni un plan era plural siquiera

los deseos todos resistibles.

La experiencia crea necesidades

cada vivencia las multiplica

sin darte cuenta se modifican

cambian enteras las prioridades;

las citas relevaron a los juegos

la apariencia se protege más

el interés por otro te permitirás

le pondrás pausa a tu ego

La suerte es un resultado individual

de la que no escapa la vida amorosa

en el andar te pasará cualquier cosa

muchas de bien; muchas de mal

al relacionarte creces paulatinamente

vives un sinfín de nuevas emociones

hay casos donde dominan las pasiones

mas no siempre gana lo que sientes

Muchos son envidiables afortunados

por hallar un amor correspondiente

para mí la mayoría eso no sienten

fracasan en llegar a ser amados;

si este es tu caso y te crees desgraciado

no creas que es el fin del mundo

ningún fracaso es rotundo

llegará un día el momento anhelado

No debes girar tu vida en torno a un eje

es vital e importante la compañía

la que estará allí todos los días

con mucho rigor debe escogerse;

si la soledad se instala a tu lado

no te frustres, ni desesperes

sigue buscando en el mar de mujeres

la que quiera futuros emparejados

Mientras tanto no detengas tu avance

estudia, trabaja, aprende, cultívate

vive, ora, ayuda, produce, recréate

el buen vivir favorece tus alcances

ya llegará la que alumbre tus albas

la que te escuche con atención

ya llegará la que te ame con pasión

la que te espere cuando salgas

Ya llegará la que te de una familia

la que tolere todos tus defectos

ya llegará la que te quiera imperfecto

la que comparta o apoye tus filias;

correrá felicidad y paz por tus venas

gracias a la que oportuna llegará

toda desdicha y depresión pasará

te darás cuenta que todo; valió la pena.

CON TU NOMBRE

Diferentes personas pudieron llegar

Indiferentemente de dónde procedan

Algunos caminos están escritos por anticipado

Nadie puede asegurar ni descartar nada

A mí, por fortuna, me tocó conocerte

Agradezco a Dios valiosa coincidencia

Ratificas la existencia del bien

Bastante he aprendido a tu lado

Orgullosos deberían sentirse tus cercanos

La tierra que te vio nacer es bendita

Eres ejemplo de constancia, humildad y bondad

Deparada te tiene la vida una cumbre de dicha

A pesar de que aún, no puedas ver la montaña.

MAL INICIO, BUEN FINAL

Cuando consciente sales a enfrentar la vida

Afrontas todo tipo de reveses y obstáculos

Muy valiosas resultan las amistades cristalinas

Igual que las lecciones dulces o amargas

Los inicios no siempre son como lindos cuentos

Algunos son turbulentos y conflictivos

Hubo mucha agresión comenzando

Un triunfo amistoso era inimaginable

Errado estuve al creerte vil e insensible

No eres perfecta, pero tienes valiosas virtudes

Una de ellas... tu capacidad de superar adversidades

Quisieran muchos alcanzar tu prematura madurez

Un suertudo soy al contar con tu aceptación

Estoy agradecido por tus duras lecciones

Ogra hermosa, bipolar, de piel dura y corazón blando.

LEJOS DE TÍ

Separarse de lo amado es un sacrificio desgarrador

desconoces tu vulnerabilidad hasta que sucede

la sensibilidad se dispara como objeto volador

Los recuerdos, dicha y nostalgia te conceden

En la ausencia es cuando se valora el querer

hasta las insignificancias se extrañan

buscas alcanzar tus añoranzas sin poder

las nuevas vivencias ni borran, ni engañan

Las duras riñas entre el bienestar, la nostalgia,

los quehaceres y las responsabilidades,

te llevan a estresantes y grises instancias

que en ocasiones afectan las habilidades

La distancia actúa como elemento depresivo

la soledad te atormenta si bajas la guardia

la ocupación mental resulta remedio efectivo

contra la lluvia desmotivante que te aguarda

Cuando el desprenderse es voluntario, duele

si es involutario desgarra, debilita y aflije

debes parir fuerzas para que el ánimo vuele

que lleve al avance todo aquello que eliges

Pensar a diario en lo perdido, resulta inevitable

también lo es, pensar en el tortuoso rescate

el objetivo parece imposible, inalcanzable

aunque la alegría siempre dará el jaque mate

No hay tiempo para quejas ni dolencias

un minuto perdido es un día desperdiciado

no descansar parece una buena auto exigencia

sin embargo, no exigirse tanto es tener cuidado

Superar la penosa prueba de la separación

es obligatorio para alcanzar la meta anhelada

no puedes arrastrar grilletes en el corazón

durante el avance en la ruta trazada

Sin desenfoque pronto llegará el reencuentro

las almas o cosas que se aman comparten un fin

estar juntas o suprimir el distanciamiento

vencer obstáculos hasta cualquier confín

Debo trabajar, aprender, avanzar y vivir

es casi tortuoso sin estar en tus predios

rendirse no es opción en este duro existir

no dudes que volveré sin importar el medio

Mientras nos separe esta terrible circunstancia

me preparo con aplicación y tesón para ayudarte

mi alma, espíritu, mente y corazón son tuyos

las herramientas que pulo para levantarte

…Y volver a coronarte.

ESPEJO

Descifrar las almas que se presentan

resulta a veces una incómoda tarea

ya que los humanos que representan

suben y bajan como la marea

Es imposible conocer del todo a otro

no alcanza una vida para lograrlo

ya queda de parte de nosotros

tener la voluntad de intentarlo

Pocos se molestan en conocer bien

a la mayoría le basta lo superficial

es menester observar al quién

para sumergirse en lo sentimental

Me caracterizo por ser muy detallista

no compro primera impresión que vendan

la experiencia dura me anotó en la lista:

cuida los que valoren, lo que de ti obtengan

La apatía y el desinterés se notan de lejos

como bengala cayendo en noche oscura

la maldad se aprecia igual sin catalejos

lo negativo forma parte de la envoltura

Las intenciones no siempre son invisibles

a veces se vislumbran indicios del futuro

por ello reflejo lo que me es receptible

y así evito un fuerte choque contra el muro

Conocerme no resulta misión suicida

aunque es complejo con infinitas variables

como un libro abierto es mi curiosa vida

pocos han consumado esa tarea terminable

Si me regalas bellas sonrisas o simpatía

recibirás buen gesto con trato cordial

si la muestra es desinterés o antipatía

serás tan invisible como brisa matinal

Muéstrame tu nobleza, tu cooperación

y obtendrás mi ayuda desinteresada,

presentando tus trabas o mal intención

te aguarda lluvias de malas jugadas

Brindándome tu pura y sincera amistad

aseguras un buen amigo hasta la muerte,

de alterarme con vil y fuerte hostilidad

prepárate para una defensa fuerte

Comparte tus acciones emprendedoras

y ganarás un socio honesto y soñador,

obstaculiza siendo desmotivadora

para que obtengas un férreo contendor

No exijas después de errar; empatía

si no quisiste dar, no aspires recibir

lo que obtengas de mí todos los días

es producto de lo elegiste compartir

Para algunos soy un simple abusador

o un egocéntrico, autoritario, depravado.

para otros un ser humano encantador

un buen amigo, inteligente, reservado.

Para algunos soy un tipo problemático

indolente, frío, seco, calculador.

para otros resulto un caballero empático

cariñoso, sociable y muy conversador.

Algunos me ven como una joya valiosa

otros como un aburrido objeto,

algunos como cualquier prenda andrajosa

otros como un inalcanzable sujeto

A fin de cuentas tengo las propiedades

del mercurio sobre lámina de cristal

efecto rebote hacia las personalidades

tan rápido como una señal digital

A veces resulto un confuso espejismo

que refleja imágenes desagradables

cuándo observan con alto detallismo

reciben respuestas fascinables

Concluyendo, sé buena y recibe placeres

lo malo lo regreso ipso facto como reflejo

transmito el concepto fiel de lo que eres

ya que la experiencia, me volvió un espejo.

LO QUE ME GUSTA

Como la brisa que no se espera llegaste

refrescando, aromatizando mi entorno

a mis ojos sin anteojos los cegastes

con tu radiante presencia sin adornos

Son tantos buenos rostros que a diario veo

pero ninguno transmite lo que mi alma busca

es sorprendente que en un solitario paseo

aparezca la poseedora de lo que me gusta

Algunas son maestras capturando miradas

por el poder de su belleza o armónica figura

el final siempre es la voluntad secuestrada

la atracción momentánea es obligada y segura

Es extredamente difícil dar con alguien que

sin decir ni una palabra blanquee tus pensares

despierte el gigante curioso que nadie ve

mande al rincón del castigo a los pesares

Soy de los que el físico me roba la atención

pero me aprisiona es el contenido mental

podrás con tu cuerpo tenerme una estación

mas mi vejez se la acredita el ser y el pensar

Buena presencia, mirada dulce, voz serena

actitud jovial, tus manos juntas dan confianza

tu simpático trato hace que el día valga la pena

mis ojos encantados de verte nunca se cansan

Tu sonreir captura, tus conocimientos enganchan

no obstante es tu opinar lo que hipnotiza

tertuliando contigo los minutos no avanzan

la vida de una tortuga se va muy aprisa

No es tu cintura lo que retiene, es tu analizar

no son tus labios lo que provocan, es tu mística

no es tu abrazo lo que más deseo, es tu aconsejar

no es tu cuerpo lo que acalora, es tu crítica

Tu actividad mental es brutalmente sensual

tu visión del mañana altamente provocativa

desde hoy eres mi mejor encuentro casual

el porqué más precioso que me motiva

Deseo con todo alma linda, tu elección para amar

pues posees congnitivamente la estatura justa

puedes escuchar, solucionar, aconsejar, enseñar

sin dudas tienes lo que necesito. Lo que me gusta.

TU AUSENCIA

Recuerdo esos preocupantes días

donde sólo tu eras prioridad

para mí más nada existía

eras mi mundo y felicidad

Sufrí mucho tu distancia

pensé que no podría vivir

te di a tí más importancia

que a la razón de existir

La tristeza me enseñó

que debo quererme más

a no desperdiciar lágrimas

ni sufrir por los demás

Gracias por dejarme solo

pues a prendí a conocerme

creí que me era imposible

levantarme al caerme

Crecí más en tu ausencia

que cuando te tuve al lado

ya no le temo al futuro

tu adiós me ha fortificado.

EL CAMINO

(Agosto 2011)

Solo ando en el camino

buscando una compañía

mis ojos no alcanzan ver

ni un alma por esta vía

No pude quedarme quieto

en el sitio de partida

sentí que quedarme allí

monotoniza mi vida

En el camino me hablan

se oyen burlas y ofensas

mentiras y mil rechazos

yo sigo sin que me venzan

Se observan cosas bonitas

pero la mayoría son feas

recibes agrias lecciones

que no esperas ni deseas

Sé muy bien a dónde voy

aunque nunca he estado allí

la convicción me acompaña

por eso fue que partí

Miro siempre hacia adelante

no fijo mirada al suelo

a veces miro a mis lados

por si aparece un consuelo

Se oye música a lo lejos

pero un ruido la entorpece

el día nunca se aclara

solo tiende a oscurecerse

El camino va enseñando

que en la vida nada es fácil

hay que soportar con fuerza

aunque seas muy frágil

Varias veces me he caído

y no tardo en levantarme

debo seguir mi camino

nunca pienso en regresarme

Decidí cerrar los ojos

que mis pies vean por mí

solamente me detuve

cuando tu abrazo sentí.

CUANDO PIENSES

(12/08/2011)

Cuando pienses que a las horas

le faltan varios minutos

cuando sientas que la gente

solo te regala insultos

Cuando pienses que ya es tarde

para poder empezar

cuando mires hacia el cielo

y comience a lloviznar

Cuando pienses que el cariño

nunca se va a perpetuar

cuando escuches el silencio

de un ave sin su cantar

Cuando pienses que la vida

no merece ser vivida

cuando te quede un vacío

por una triste partida

Cuando pienses que mañana

puede ser peor que hoy

cuando te digas con pena

en la vida nada soy

Cuando pienses que ya nada

puede tener solución

acude al ser indicado

y cambia la situación.

TU DOMINIO

(13/08/2011)

No sé si el ser humano

puede detener el tiempo

pero si eso es posible

fuiste tú quien creó el invento

Dudo que los buenos momentos

puedan medirse o pesarse

esos que me brindas tú

nunca podrán superarse

Estar junto a tí me asusta

pues me vuelvo vulnerable

mi cuerpo no me responde

tu control es apreciable

A veces espero palabras

que me hagan continuar

con una sola que digas

nada me puede parar

Si sabes que me dominas

no oses aprovecharte

más bien usa tu dominio

para mi amor entregarte.

VALORARSE, VALORARME

(15/08/11)

Conocerse es un trabajo

que no todos realizan

ningún cambio es posible

cuando no se internaliza,

si no sabes el valor

de tu propio potencial

es muy difícil que llegue

alguien que sepa apreciar

Pero en esta vida andamos

y todo puede pasar

cuando menos lo esperamos

las cosas pueden cambiar,

andaba sin interés

por el día que venía

hasta que te apareciste,

no imaginé que existías

No quería que pasaras

a caminar por mi vida

nada quería aprender

tu presencia me intimida,

insististe de una forma

que pocas se atreverían

sin molestar ni acercarte

más de lo que debías

No me di cuenta del día

en que lograste colarte

pasé de ansiar estar solo

a querer acompañarte,

no demostré mi interés

por no lastimar mi orgullo

la verdad solo pensaba

en estar al lado tuyo

Tus atenciones me hicieron

temerle a la soledad

tu cariño me alegraba

con mucha facilidad,

comencé a pensar que en mí

algo bueno se encontraba

levantaste mi autoestima

del hueco en que se hallaba

Tan solo pensar que alguien

pudiera fijarse en mí

me parecía imposible

hasta que te conocí,

fuiste la primera en ver

y valorar lo que soy

decidiste acompañarme

a los sueños donde voy.

ESE TEMA, MEJOR NO

El viento trae consigo

un sonido familiar

la dulzura de tu voz

y tus pasos al andar

Te observo con atención

a mí te has de acercar

ato a mi cuerpo la calma

la sonrisa hay que ocultar

Las reacciones se pelean

por salir a encarar

la situación que me viene

cuando comiences a hablar

Trato de ordenar palabras

para evitar insultar

junto manos a mi espalda

mientras tengo que esperar

Saludas con cierta pena

pretendiendo susurrar

ahí los recuerdos me llegan

provocando en mí un temblar

No hablaré sobre ese tema

que tanto me hace indignar

debiste tocarlo el día

que decidiste marchar

Comprende que en este instante

hay una batalla en mí

se pelea el del ayer

y el que tienes frente a tí

A uno mal le pagaste

al otro tocas su puerta

no pretendas cosechar

en tierras ya medio muertas

Para no estallar la plaza

por un mal que ya pasó

Háblame de lo que sea

pero ese tema, mejor no.

DISGREGADO

Conocer nuevas personas

es coquetear con la lotería

puedes dar con valiosos seres

o con simples porquerías

Eso me incluye sin dudas

no siempre somos lo pensado

la espectativa pinta el boceto

mas la realidad, da resultados

Adentrarse en nuevos espacios

donde resultas forastero

complica más la interacción

ya que hay que estudiar primero

Te conocí en tu amplio confort

yo estaba en adaptación

la novedad al entrar deslumbra

después la echan al cajón

Me diste todo de ti

al menos lo que se podía

en poco tiempo creí

que para siempre te tendría

Encajamos con soltura

pues te paseaste en mi ser

adoptastes unas costumbres

ajenas a tu proceder

Pude disfrutar tu sonrisa

tu cariño algo meloso

tus historias desde niña

tus besos bien fogosos

Visitamos bellos parajes

para mí fue novedoso

tu compañía le agregó

más gracia a lo ya hermoso

Cuando me tocó el turno

de a tus hábitos integrarme

me lleve un golpe brutal

que casi hace desangrarme

Coincidieron ciertos gustos

intereses semejantes

mas sin embargo fallé

en cómo usar tiempo sobrante

No soy de antros ni de discos

prefiero reunión en casa

no ando buscando peligros

ni amaneciendo por plazas

Amo viajes, parques, museos

sitios con conocimientos

que relaje mi alma inquieta

que eleven mi pensamiento

Soy melománo, bibliófilo

escritor algo constante

cinéfilo, uranófilo

fotógrafo y dibujante

No soy santo ni beato

peco como cualquier mortal

no me intoxico a tu modo

ni soy sumo liberal

La bebida es conocida

más no amiga de confianza

pues si le invito a pasar

trae consigo la mudanza

No de forma tradicional

soy muy abierto de mente

un ser sin conversación

me aburre rápidamente

Según mi signo, apasionado

intenso como un caudal

romántico solitario

sin dudar sapiosexual

Por esto y más te alejaste

sin explicación marchaste

te resulté un aburrido

con tabúes sin sentido

Comprendí que la adaptación

entre dudas y desazónes

junto al cambio, en el amor;

amalgaman corazones.

LA BODA BLANCA

Salí un febrero sin querer salir

la aflicción montaba mis hombros

los primeros pasos me pesaban

como si mis suelas fueran de roca

No quería pensar en el futuro

lo dejado atrás gobernaba mi mente

nada en el porvenir era seguro

comenzaba una prueba exigente

Sin nada, todo reinicio es duro, ingrato

es altamente corrosivo estar bien hoy

y mañana no asegurar los tres platos

valiente hacer camino con tanto en contra

Una mente preocupada ignora detalles

se le escapan las bellezas noche y día

invisibles son evidentes oportunidades

pensar se centra en asegurar la estadía

Para mis sueños y ocio no hay tiempo

menos para recreo, disfrute o socializar

jamás imaginé que en esta región austral

podría vez alguna sentirme tan contento

La asfixia laboral me obligó a hacer pausa

acepté por fin una invitación distractora

debía relentizar mi cabeza, despejarla

alejarla de la tóxica realidad ahogadora

Asistí a un maravilloso lugar que no conocía

un paisaje multi cónico, blanco y helado

del calor del que vengo, nada se le parecía

mis ojos escandilados estaban asombrados

La baja temperatura me dio ardor insoportable

las muchas capas encima al final protegieron

el infinito manto de cristales fue inolvidable

volví a mi niñez un instante, pero jugando con hielo

Retorné a la rutina, pero mi mente se enclavó

estuve atento a los cielos, a la lejana cumbre

quería apreciar cómo este fenómeno se creó

por lo pronto solo observé, cómo se desvaneció

Más de seis mil horas después, empezó un cortejo

los primeros síntomas fueron térmicos,

la brisa fría le susurraba a la cordillera desnuda

ella con desinterés, se mantenía imponente

El invierno pregonaba su inevitable llegada

ya sin hojas los áboles, el verdor casi invisible

de nuevo la piel debía en capas ser abrigada

las palabras con aliento ya eran visibles

Las montañas desérticas se fueron manchando

de tímidas pecas blancas que daban un aviso

la estación de zona templada va llegando

simplemnte se instala sin pedir permiso

Viene por la larga, colosal y hermosa cadena

sin embargo, solo va por una parte de ella

yo me preparo para ser testigo principal

de este intento de atraccíon lindo y magistral

Tuve que atrasar en mi reloj la hora

así de los terrícolas no me dispersaría

un velo corto cubría a la dama ahora

uno de tantos presentes que recibiría

De apoco fuimos llegando los invitados

primero los terrestres: liebres, zorros chilotes

guanacos, vizcachas, vicuñas y yo a un lado

luego en las alturas se veían los cambotes

Tucúqueres, Caranchos y jóvenes aguiluchos

revoloteaban en los cielos con emoción

también el águila chilena volaba mística a la par

del gigante cóndor que bendecía la unión

Llegaron elegantes a las nupcias bajo cielo azul

bien trajeados de la patagonía unos pingüinos

invitados especiales como el cérvido huemul

certificaban la autenticidad de este acto andino

Todos se acomodaron entre los farellones vistosos

el invierno cantaba dichoso con el gélido viento

me protegía un poncho merideño muy hermoso

esto resultó mucho mejor que en mis pensamientos

Una corona de nubes simbolizó la magistral unión

engalanando la cumbre de la bella cordillerana

ya completa y brillando de puro blanco esplendor

expresó su alegría con una ligera avalancha llana

Consumado el invernal acto la algarabía estalló

mis lágrimas asomadas, bajo cero no salían

el marido con una sutil nevada, conmovido lloró

en el regaso de su esposa los cristales caían

Al salir nunca pensé de tal maravilla disfrutar

un fascinate idilio milenario, cíclico y natural

por permitir que la rutina me lograra apresar

casi pierdo lo que con creces, amplió mi visual

Recordé con nostalgia mi amado calor caribeño

mientras decendía lento la elevación en mis skis

peleaban los sentires con la realidad y los sueños

pensé reflesivo soy de allá, pero me gusta aquí

De tanto analizar, al final comprendí con emoción

lo mejor de dos lugares en mí podrían combinar

el corazón puede lograr suficiente producción

para como a nuestros padres, dos tierras amar

Soy verde como mi llanura, de ancho corazón

soy blanco como la montaña, de alma infinita

soy caliente, como el verano tropical

soy frío, como el invierno austral.

"Mientras más leas, más libre serás"

Jhessaly Tuy

EL AUTOR

Jesús Alvizu *"Jhessalg Tuy"*, es docente en castellano y literatura (2013), egresado de la U.N.E.L.L.E.Z. en su ciudad natal San Carlos, estado Cojedes, Venezuela. Poeta, Escritor, compositor y guionista, incursionó en el mundo literario de manera formal desde la universidad, donde obtuvo en el 2009 su primer premio con el cuento *La burdega voladora*. Casi dos años después gana un segundo premio a nivel municipal con el poemario ***Entre los golpes de ayer y los triunfos de mañana;*** posee publicaciones físicas y digitales en la revista de su casa de estudios, blogs, antologías y en Amazon KDP. Reside en Chile hace varios años donde ha registrado diversas obras literarias y composiciones musicales.

Otros títulos:

* **Repertorio poético Jht libro 1. Entre los golpes de ayer y los triunfos de mañana.**
* **Los cuentos del Catire.**

Contacto:

* Instagram: **@jhessalg_tuy**
* Blog: https://jhessalgtuy.wordpress.com/
* E-mail: jhessalgtuy@gmail.com